First Picture Dictionary
Animals

První obrázkový slovník
Zvířata

Pig
Prase

Butterfly
Motýl

Rabbit
Králík

Fox
Liška

Illustrated by Anna Ivanir

www.kidkiddos.com
Copyright ©2025 by KidKiddos Books Ltd.
support@kidkiddos.com

All rights reserved. No part of this book may be reproduced in any form or by any electronic or mechanical means, including information storage and retrieval systems, without written permission from the publisher, except in the case of a reviewer, who may quote brief passages embodied in critical articles or in a review.
First edition, 2025

Library and Archives Canada Cataloguing in Publication
First Picture Dictionary - Animals (English Czech Bilingual edition)
ISBN: 978-1-83416-501-1 paperback
ISBN: 978-1-83416-502-8 hardcover
ISBN: 978-1-83416-500-4 eBook

Wild Animals
Divoká zvířata

Lion
Lev

Tiger
Tygr

Giraffe
Žirafa

✦ A giraffe is the tallest animal on land.
✦ *Žirafa je nejvyšší zvíře na souši.*

Elephant
Slon

Monkey
Opice

Wild Animals
Divoká zvířata

Hippopotamus
Hroch

Panda
Panda

Fox
Liška

Rhino
Nosorožec

Deer
Jelen

Moose
Los

Wolf
Vlk

✦A moose is a great swimmer and can dive underwater to eat plants!

✦*Los je výborný plavec a dokáže se potopit pod vodu, aby mohl sníst rostliny!*

Squirrel
Veverka

Koala
Koala

✦A squirrel hides nuts for winter, but sometimes forgets where it put them!

✦*Veverka schovává ořechy na zimu, ale někdy zapomene, kam je dala!*

Gorilla
Gorila

Pets
Domácí mazlíčci

Canary
Kanárek

Guinea Pig
Morče

✦ *A frog can breathe through its skin as well as its lungs!*
✦ *Žába může dýchat jak kůží, tak plícemi!*

Frog
Žába

Hamster
Křeček

Goldfish
Zlatá rybka

Dog
Pes

✦ *Some parrots can copy words and even laugh like a human!*

✦ *Někteří papoušci dokážou napodobovat slova a dokonce se smát jako lidé!*

Parrot
Papoušek

Cat
Kočka

Animals at the Farm
Zvířata na farmě

Cow
Kráva

Chicken
Slepice

Duck
Kachna

Sheep
Ovce

Horse
Kůň

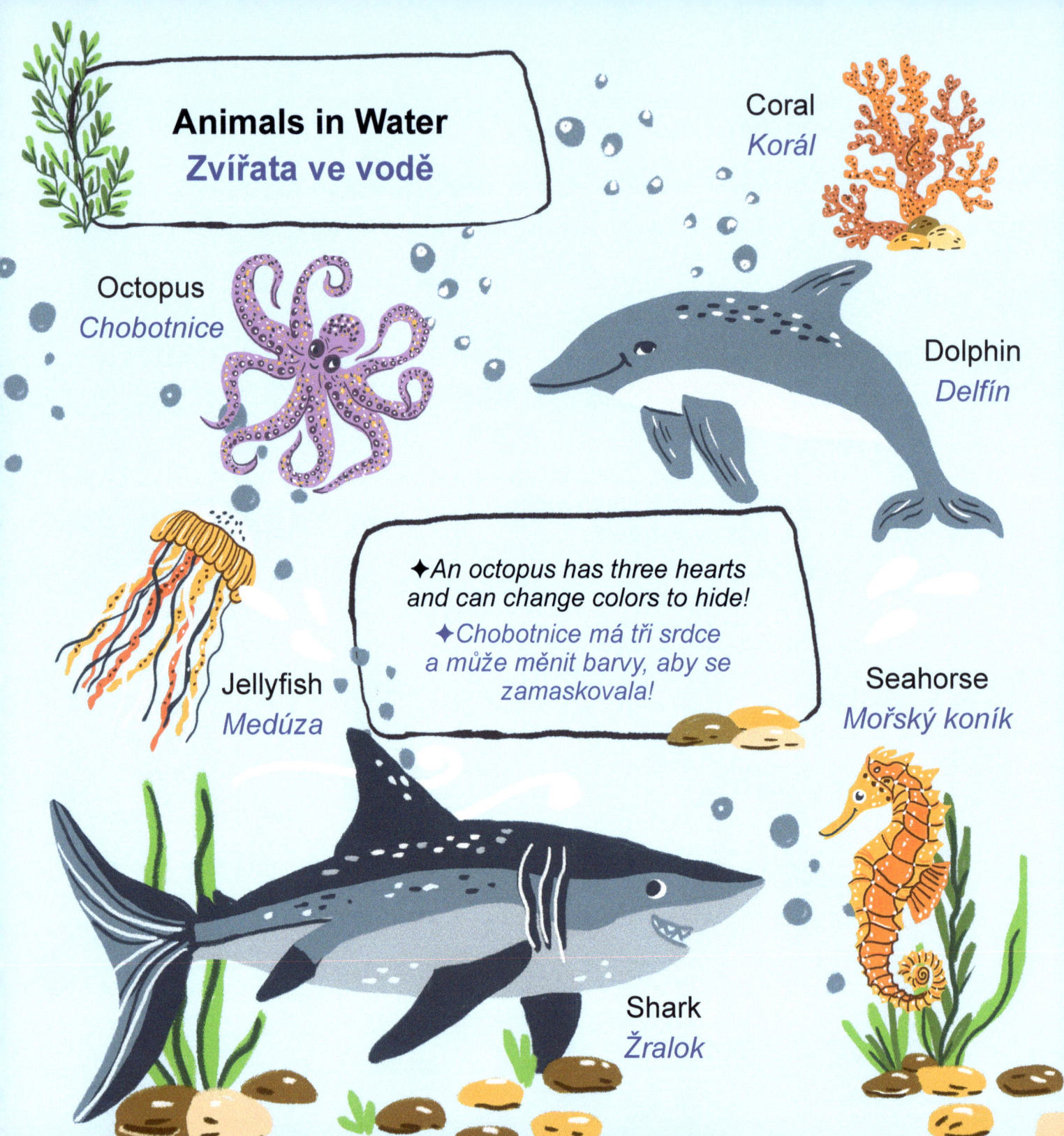

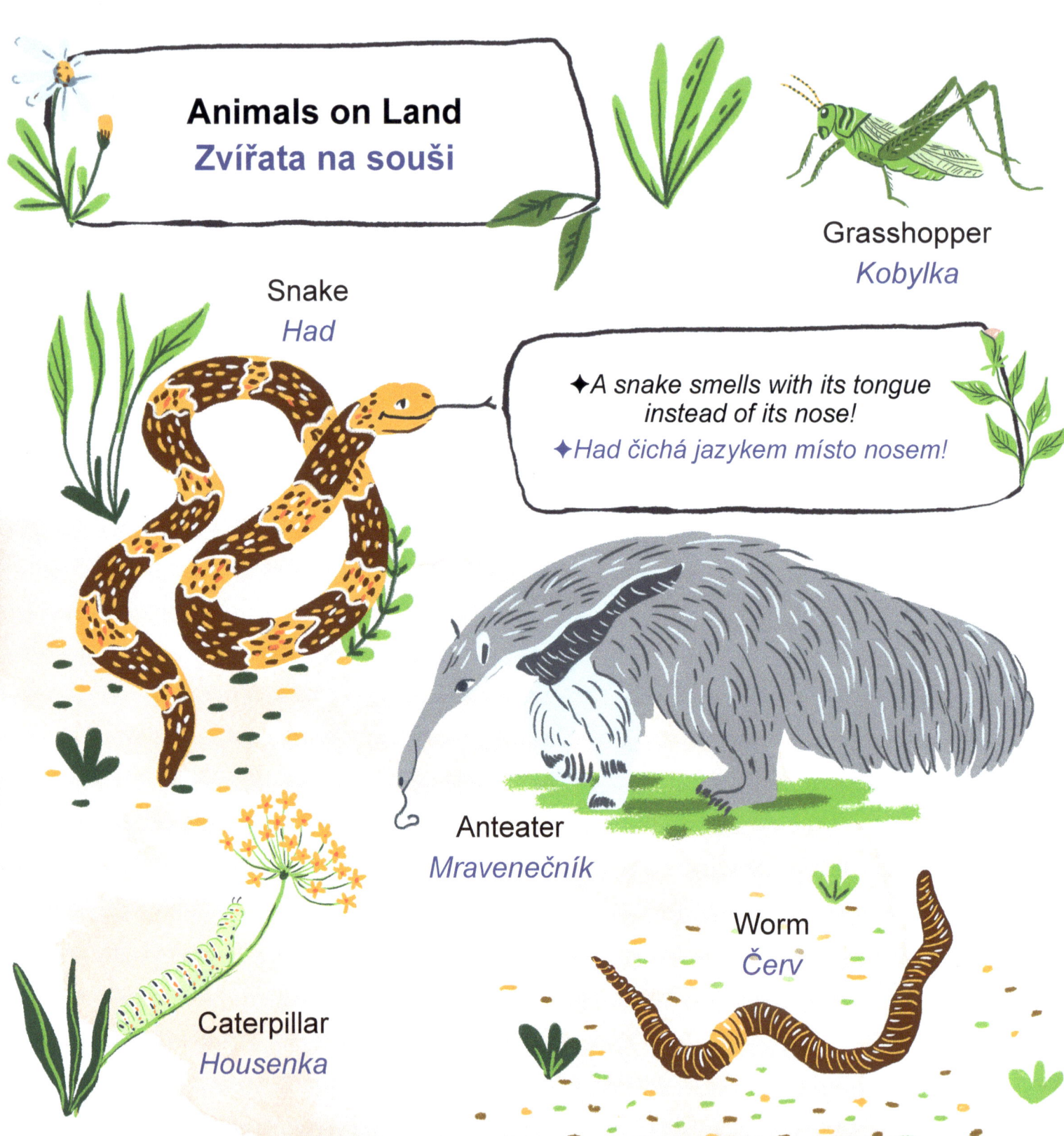

Badger
Jezevec

Porcupine
Dikobraz

Groundhog
Svišť

✦ *A lizard can grow a new tail if it loses one!*
✦ *Ještěrka si může nechat dorůst nový ocas, pokud o něj přijde!*

Lizard
Ještěrka

Ant
Mravenec

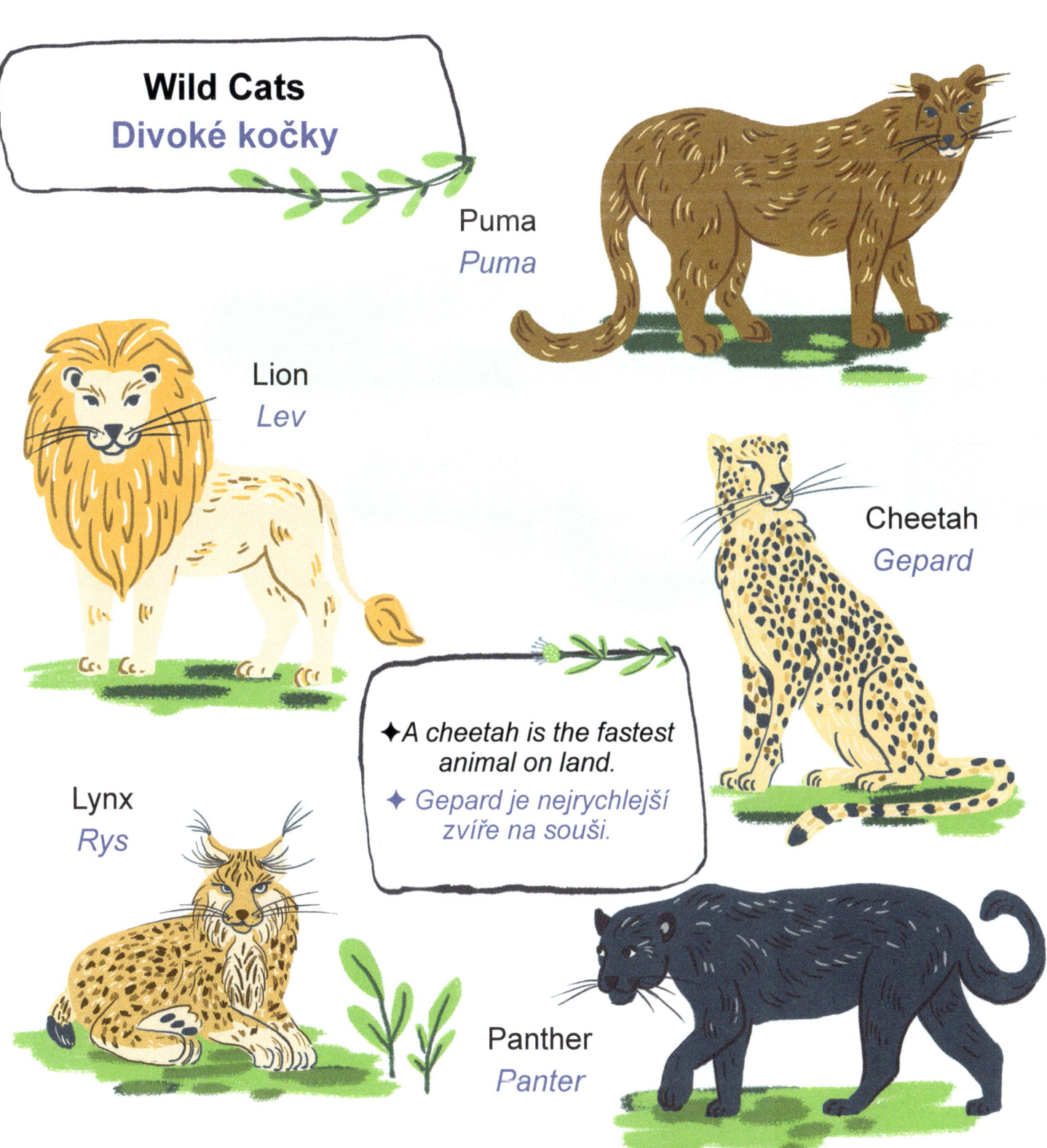

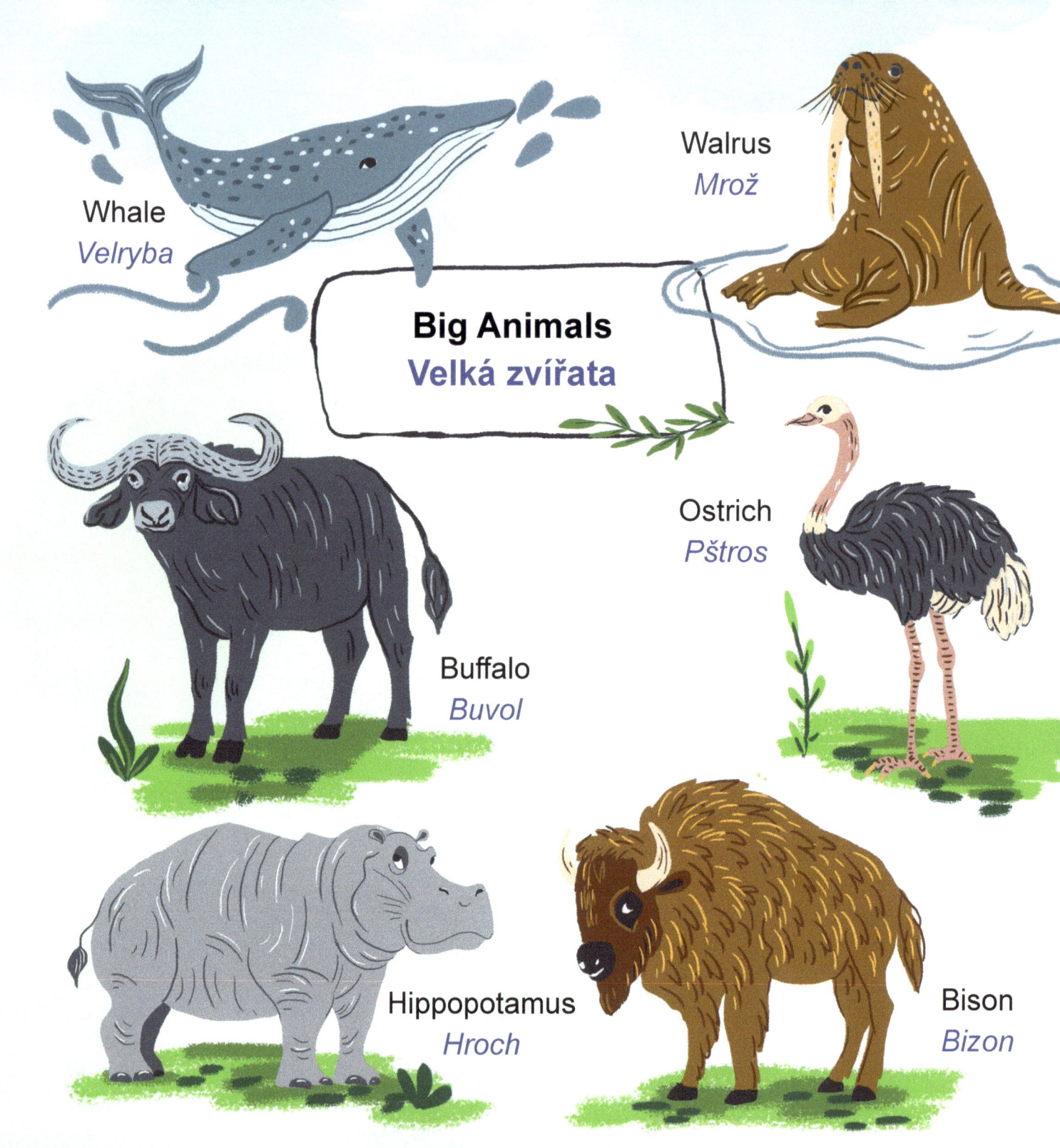

Small Animals
Malá zvířata

Chameleon
Chameleon

Spider
Pavouk

✦ An ostrich is the biggest bird, but it cannot fly!
  ✦ *Pštros je největší pták, ale neumí létat!*

Bee
Včela

✦ A snail carries its home on its back and moves very slowly.
  ✦ *Šnek nosí svůj domeček na zádech a pohybuje se velmi pomalu.*

Snail
Šnek

Mouse
Myš

Quiet Animals
Tichá zvířata

Ladybug
Beruška

Turtle
Želva

✦ A turtle can live both on land and in water.
✦ *Želva může žít jak na souši, tak ve vodě.*

Fish
Ryba

Lizard
Ještěrka

Owl
Sova

Bat
Netopýr

✦An owl hunts at night and uses its hearing to find food!
 ✦*Sova loví v noci a používá sluch, aby našla potravu!*

✦A firefly glows at night to find other fireflies.
 ✦*Světluška svítí v noci, aby našla jiné světlušky.*

Raccoon
Mýval

Tarantula
Tarantule

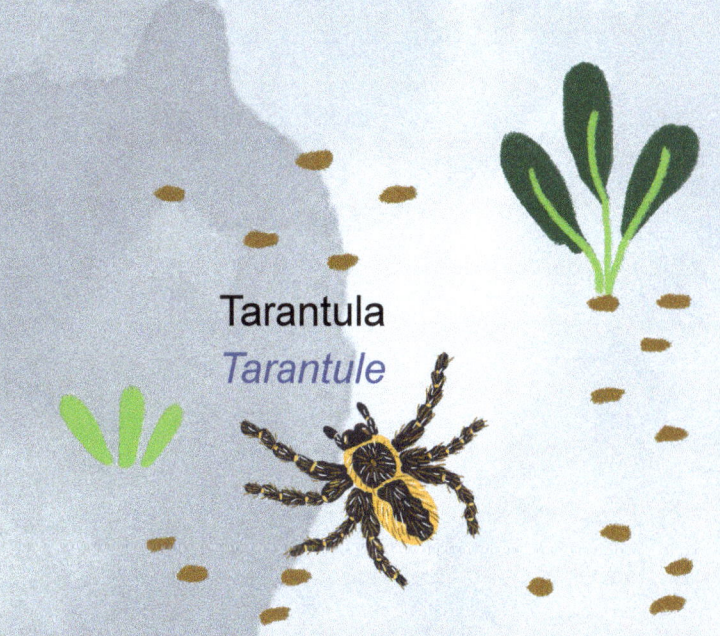

Colorful Animals
Barevná zvířata

A flamingo is pink
Plameňák je růžový

An owl is brown
Sova je hnědá

A swan is white
Labuť je bílá

An octopus is purple
Chobotnice je fialová

A frog is green
Žába je zelená

✦ A frog is green, so it can hide among the leaves.
✦ *Žába je zelená, takže se může skrýt mezi listím.*

Animals and Their Babies
Zvířata a jejich mláďata

Cow and Calf
Kráva a tele

Cat and Kitten
Kočka a kotě

✦ A chick talks to its mother even before it hatches.
✦ *Kuře mluví se svou matkou ještě před tím, než se vylíhne.*

Chicken and Chick
Slepice a kuře

Dog and Puppy
Pes a štěně

Butterfly and Caterpillar
Motýl a housenka

Sheep and Lamb
Ovce a jehně

Horse and Foal
Kůň a hříbě

Pig and Piglet
Prase a selátko

Goat and Kid
Koza a kůzle

www.ingramcontent.com/pod-product-compliance
Lightning Source LLC
LaVergne TN
LVHW072055060526
838200LV00061B/4747